Du 20. Avril 1718.

MEMOIRE INSTRUCTIF

*Au sujet du nouveau Reglement ordonné par Sa Majesté,
de l'avis de S. A. R. le 6. Avril 1718.*

LEs Sommes considerables que l'on a esté obligé de
lever, pour satisfaire au payement des Dépenses des
Armées dans les differentes Guerres que le feu Roy a
esté obligé de soûtenir pendant le cours de son Regne,
ont donné lieu de croire qu'il s'y estoit introduit des abus,
& des nouveautez également prejudiciables au Roy, à ses
Troupes & à ses Peuples ; Et c'est ce qui a determiné
S. A. R. à examiner avec soin toutes les differentes natu-
res de Dêpenses de la Guerre, afin d'approfondir les cau-
ses de leur augmentation, de les reduire dans leur juste
proportion, & de détruire les abus ausquels une lon-
gue continuité de Guerre n'a pas donné le temps de remedier.

On a reconnu par le détail dans lequel on est entré,
que le parti que l'on a pris dans les deux dernieres Guerres, de mettre sur pied des Armées considerables, afin de
surpasser les Ennemis en nombre d'hommes, bien loin
d'estre aussi avantageux qu'on se l'estoit promis, a esté tres
préjudiciable à l'Estat ; Parceque voulant avoir dans ce
Royaume, autant & plus de Troupes que toutes les Puis-
sances liguées contre luy en pouvoient lever, il n'estoit
pas possible de leur faire un bon Traitement, ni de trouver un nombre suffisant de bons Officiers & de Soldats ;
Ces Armées si nombreuses demandant de nouveaux fonds
pour leur subsistance & entretien, pour les Vivres, Four

A

rages & autres differentes Dêpenfes qui les accompa-
gnent, on eftoit obligé de lever fur les Peuples des impofitions extraordinaires. Ces Impofitions, quoyque confiderables, n'ont cependant pas efté fuffifantes pour le
payement de la moitié des Dêpenfes de la Guerre, Et
pour y fuppléer, on a introduit toute forte de papiers.
De là, la perte des Troupes par la modicité de leur folde, par le deffaut d'Entretien, par les mauvaifes fournitures de Vivres, par les maladies qu'elles caufoient, par
les defordres des Hôpitaux, par la mifere mefme des Officiers, qui ne leur permettoit pas de fecourir leurs Soldats, & par leur defertion frequente, trouvant un Traitement qui leur paroiffoit meilleur & plus affeûré, en paf-
fant au fervice des ennemis; Enforte que les Armées ont
efté plus détruites par le manque de paye, par la defertion & la mauvaife nourriture, que par les ennemis même, Et il eft certain qu'un nombre de Troupes bien payées,
nourries & entretenuës, eût formé un Corps plus redou-
table à l'ennemi, plus utile & moins à charge à l'Eftat.

Une partie de ces raifons determinerent avec regret
S. A. R. dés le commencement de la Regence, à dimi-
nuer le nombre des Troupes, & en conferver encore
moins que l'on n'avoit fait à toutes les Paix precedentes,
afin d'operer en mefme temps la diminution des Impofitions qui fe levoient fur les Sujets du Roy.

Ayant trouvé d'ailleurs l'Eftat de la Guerre chargé
de 4700000. livres de paye d'Officiers Reformez, on
fut obligé de prendre le parti de les laiffer aller chez eux,
au lieu de les garder à leurs Regimens, en attendant qu'on
puft les faire rejoindre; Et comme ils fubfiftoient dans
leurs familles avec moins de Dêpenfe, leurs Appointemens furent reduits de moitié, à la referve des Officiers

3

qui n'avoient point de domicile, & qui refterent à la fuite des Regimens.

Cette dépenfe extraordinaire de paye d'Officiers Reformez provenoit, tant du grand nombre de Regimens nouveaux qui avoient efté mis fur pied au commencement de la Guerre, que de la quantité de Compagnies, dont les Bataillons & les Efcadrons eftoient compofez, & de plufieurs Compagnies detachées.

Et comme le feul temps de la Paix peut donner lieu à reftablir dans un Eftat l'ordre & la regle, Et que d'ailleurs l'on ne peut trop favorifer ceux qui prennent le parti des Armes, ni donner trop d'attention à une profeffion, dont dépend la confervation de toutes les autres; S. A. R. animée par l'attachement qu'Elle a toûjours eû pour les Troupes, s'eft determinée à faire fixer par Sa Majefté le nombre de celles qui font neceffaires à fon fervice, Et de mettre un arrangement certain dans chaque Dêpenfe, afin de rendre l'eftat des Officiers fixe & affeûré, de regler à la Nobleffe qui fert dans les Armées du Roy des Appointemens fuffifans en tout temps pour fe foûtenir avec honneur dans le Service, & de détruire la defertion, en donnant aux Troupes, tant pour leur fubfiftance que pour leur entretien, une folde du moins égale à celle des Eftats voifins de ce Royaume.

Et par la comparaifon qui a efté faite de ce qu'il en couftoit, à ce qu'il en couftera, on a reconnu que Sa Majefté feroit tous ces arrangemens en temps de Paix, fans augmenter le fonds deftiné aux Dêpenfes & à l'Entretien de fes Troupes; Et en temps de Guerre, avec une diminution de plus d'un tiers fur la totalité des Dêpenfes, En affûrant aux Sujets du Roy un avantage confiderable par la diminution des sommes qu'on leve ordinairement sur eux, pour le payement des Dépenses de la Guerre.

Pour donner une connoissance bien certaine de l'Utilité des arrangemens que Sa Majesté s'est determinée de faire, il est necessaire d'entrer dans le detail de ce qui se pratiquoit.

Jamais les Armées du Roy n'ont esté composées d'un plus grand nombre de Bataillons & d'Escadrons que pendant la derniere Guerre, & par consequent ses Armées n'ont jamais esté plus estendües; Cependant les Bataillons & les Escadrons n'ont jamais esté composez de moins d'hommes & de chevaux; de maniere que lors que les Armées estoient en Bataille, plus elles avoient d'estendüe, Et moins les Bataillons & les Escadrons avoient de profondeur.

Avant la Paix de Nimegue, les Bataillons estoient composez de 850. hommes, & se mettoient en Bataille sur six de hauteur; les Escadrons de 180. & 200. Maistres, & se mettoient en Bataille sur 3. rangs.

Au commencement de la Guerre de 1688. les Bataillons estoient de 800. hommes, & resterent à ce nombre jusques en 1692. qu'ils furent reduits à 715. ils se mettoient en Bataille sur cinq de hauteur; les Escadrons de 150. & 160 Maistres, se mettoient en Bataille sur 3. rangs.

Dans la derniere Guerre, les Bataillons de Campagne estoient de 585. hommes, & furent mis en 1710. à 650. Ils se mettoient en Bataille sur quatre de hauteur; les Escadrons de 140. Maistres se mettoient en Bataille sur trois rangs.

(Du 6. Avril 1718.
5

Et comme les Troupes du Roy pendant la derniere Guerre ont toujours esté foibles, le plus grand nombre de l'Infanterie ne se mettoit en Bataille que sur trois, & la Cavalerie sur deux.

Cet ordre de Bataille a esté tres prejudiciable au service, Et par la maniere dont les augmentations se font faites dans les Troupes, la plus grande partie n'a point esté de la qualité qu'elles estoient dans les Guerres precedentes, ni si complette.

Les frais de la levée & de la subsistance des nouvelles Troupes montoient à une Dépense beaucoup plus forte qu'elle n'auroit dû estre.

Lorsque la levée des Regimens nouveaux fut ordonnée, on commença par leur donner des Quartiers d'assemblée, où l'on passoit les Compagnies complettes du jour que la permission de faire le Regiment avoit esté accordée, quoyque la plus grande partie de ces Regimens ait esté des années entieres à prendre une forme de Troupe, & que plusieurs même n'ayent jamais esté complets. Toutes ces levées ont esté faites aux dépens de la vieille Infanterie, dont les Soldats ont deserté pour passer dans ces Regimens nouveaux, y estre faits Sergens, Caporaux, Anspessades & Grenadiers, & se procurer la haute paye.

Plusieurs Capitaines ont quitté leur Compagnie pour estre faits Lieutenans-Colonels ou Majors; Plusieurs Lieutenans aussi ont abandonné leurs Regimens pour prendre des Compagnies dans les nouveaux; ce qui non seulement a fait tort aux anciens Bataillons, mais a esté cause en mesme temps, que ces Officiers qui se seroient trouvez à la Paix en pied & à la teste de leurs Regimens, s'ils n'en estoient point sortis, sont aujourd'huy Reformez.

Ces veritez qui sont connües, ont determiné Sa Majesté à rappeller & à suivre ce qu'il y avoit de meilleur dans ce qui se pratiquoit autrefois.

Ainsi lorsqu'à l'occasion d'une Guerre, le Roy sera obligé d'augmenter le nombre de ses Troupes; Sa Majesté veut que cette augmentation se fasse par nombre d'hommes dans les Compagnies.

L'augmentation dans les Compagnies d'Infanterie se fera jusqu'à ce que le Bataillon soit composé de 800. hommes, afin qu'il soit toûjours en estat de se mettre en Bataille sur six de hauteur.

A l'égard de la repartition des hommes par Compagnie, on se reglera sur ce qui sera le plus utile pour le bien du service, le moins de Dépense pour le Roy, & sur ce qui rendra la condition des Capitaines meilleure.

Dans la Cavalerie & Dragons, l'augmentation se fera par nombre d'Hommes & de Chevaux dans les Compagnies, suivant le nombre que l'on voudra mettre sur pied, Et les Compagnies pourront estre augmentées jusqu'à 50. & 55.

Lorsque les Compagnies ne seront qu'à 35. ou à 40. les Escadrons seront composez de quatre Compagnies pour faire 160. Maistres; Et lorsque les Compagnies seront de 50. à 55. les Escadrons ne seront formez que de 3. Compagnies, afin que par ce nombre d'hommes les Escadrons puissent toûjours estre sur 3. rangs.

7

Cette maniere de faire des augmentations dans les Troupes, rendra l'eftat de l'Officier fixe & certain, & ils n'auront plus aucune reforme à craindre à la paix, puifque l'augmentation & la diminution des Troupes, ne tomberont que fur le nombre des hommes.

On obfervera que fi le Roy, aprés avoir porté fes Bataillons d'Infanterie à 800. hommes, avoit encore befoin d'une augmentation dans l'Infanterie, Sa Majefté ordonnera la levée d'un nombre de Regimens de Milice, ainfi qu'il s'eft pratiqué à la Guerre de 1688. On mettra à la tefte de ces Regimens & des Compagnies, des Officiers reformez qui font dans les Provinces; Et comme ces Regimens ne partiront de chez eux qu'au Printemps, pour aller fur les Frontieres y relever les Troupes deftinées pour les Armées, ces Regimens retourneront l'hyver chez eux, lorfque les Troupes de Campagne rentreront dans les Places. On évitera au furplus tous les inconveniens qui ont efté reconnus dans les dernieres Milices.

Il eft certain que l'augmentation que l'on fera par nombre d'hommes dans les Compagnies eft la meilleure de toutes, & celle qui coute le moins au Roy; Car il y auroit une difference de deux cinquiémes pour la fubfiftance, en faifant des Compagnies nouvelles, Et la folde d'un Regiment de Milice de 800. hommes, eft de moitié moins forte que celle d'un pareil Bataillon de Campagne, Et d'un tiers moins que les Regimens nouveaux cy-devant deftinez pour eftre en Garnifon. Il faut de plus obferver que ces Regimens de Milice ne font payez que pendant fix mois.

A l'égard du nombre d'hommes & de Compagnies, dont Sa Majefté ordonne que les Regimens foient prefentement compofez, on connoîtra par foy-mefme l'utilité de cette difpofition, Et plus on y fera de reflexions, plus on en fera convaincu.

C'eft une erreur de croire qu'une Compagnie de 69. hommes foit à charge au Capitaine; Il eft vray qu'elle feroit difficile à lever & qu'elle couteroit beaucoup, fi l'augmentation d'hommes fe faifoit par une nouvelle levée; Mais par l'incorporation on donne à chaque Capitaine fa Compagnie complette, armée & habillée; à l'égard de l'entretien, l'augmentation de la folde du Soldat y pourvoit fuffifamment.

Le nombre des Compagnies eftant diminué, les Recrües fe feront avec plus de facilité & moins de frais que par le paffé, Et les Officiers ne feront point obligez d'ufer de force ni de furprife: L'augmentation de folde empefchera le Soldat de deferter, Et comme les Troupes feront moins fujettes aux maladies, dés qu'elles auront une fubfiftance plus forte & meilleure, on peut reduire par eftimation le nombre des Recrües à la moitié de ce qu'il en falloit cy-devant; Et quoyque les Compagnies à 69. hommes paroiffent demander plus de Recrües, cette premiere idée fe détruit en examinant qu'il n'y aura pas plus d'hommes dans le Bataillon, que lorfque les Compagnies eftoient à 40. mais feulement 9 Compagnies, au lieu de 15.

D'ailleurs le nombre de Factionnaires que l'on augmente par le nouvel arrangement, diminüe beaucoup la fatigue du Soldat, Et la liberté que l'on accorde de prendre 10. Eftrangers pendant la Paix, & 20. pendant la Guerre par Compagnie, fans que les Regimens Eftrangers foient en droit de les reprendre, apportera beaucoup de facilité pour les Recrües.

Toutes

9

Toutes ces raisons font connoistre l'utilité de cet arrangement, Et l'on peut y joindre l'experience que l'on a, que de deux Bataillons composez d'un mesme nombre d'hommes, celuy dont les Compagnies estoient de 100. hommes, est toûjours sorti plus fort de Campagne, & s'est mieux soutenu qu'un autre composé de Compagnies de 40. à 50. Il faut aussi convenir que plus le grade de Capitaine sera rare, plus il sera recherché, plus il sera facile de se servir d'Officiers distinguez, & de leur accorder des recompenses proportionnées à leur merite & à leurs services: Que Sa Majesté pourra en cas d'accidens extraordinaires de Sieges & de Batailles, donner des secours plus prompts & plus effectifs à un petit nombre de Capitaines chargez de Compagnies, qu'à un plus grand nombre.

Ainsi l'Officier se trouvant interessé par sa propre utilité, & par son honneur, Et luy procurant par le bon traitement qu'on luy fait, les moyens necessaires d'avoir une belle & bonne Troupe, il y a lieu de croire que les Compagnies seront telles qu'on les peut desirer.

D'ailleurs l'avantage pour l'Officier, de n'avoir plus que 5. Reveües au lieu de 12. la facilité de pouvoir travailler entre 2. Reveües, l'agrément de faire servir la Reveüe de Janvier pour Novembre & Decembre, Et celle d'Avril pour Fevrier & Mars, feront trouver aux Compagnies foibles un fonds considerable pour se Recruter.

Et les Retenües qui se feront presentement, revenant à l'Officier, luy donneront moyen de restablir sa Troupe s'il se charge de la remettre, ou bien celuy à qui on la donnera, trouvera toûjours une somme considerable, & plus que suffisante pour la restablir.

B

Il eft à propos de remarquer auffi que la Ration de Pain de 24. onces poids de Marc, que l'on donnoit aux Troupes, n'ayant pas paru fuffifante, Sa Majefté veut qu'à l'avenir, foit dans les Armées, Camps, Garnifons, ou en Route, la Ration foit toûjours de 28. onces poids de Marc, afin que la Ration foit égale à celle qui fe diftribüe aux Troupes des Eftats voifins de ce Royaume; Et on apportera toute l'attention neceffaire pour que le Pain foit du poids cy-deffus & de la meilleure qualité.

On connoiftra par les Ordonnances du Roy jointes à ce Memoire, & par celles qui feront inceffamment expediées, les Intentions de Sa Majefté par rapport au nombre d'hommes, & de Compagnies dont Elle veut que les Regimens de Cavalerie, d'Infanterie & de Dragons foient prefentement compofez, & quelle eft l'augmentation de folde qu'Elle leur accorde.

On rend auffi fenfibles les raifons qui ont determiné à fupprimer les Etapes, & le Logement perfonnel des gens de Guerre, dans les Provinces & Generalitez où Sa Majefté eftoit chargée de la Dêpenfe des Etapes. Ces Ordonnances inftruifent du Reglement que le Roy a jugé à propos de faire pour la fubfiftance, le logement, la difcipline & l'augmentation de folde des Troupes, en Route dans lefdites Generalitez & Provinces, ce qu'il accorde aux Officiers pour la conduite des Recrües, & pour leur tenir lieu d'Uftanciles, de Fourrages & de Quartiers d'hyver; On fera auffi informé de fon intention au fujet des Officiers abfents par Semeftre ou par Congé, qu'Elle veut qui foient payez fans avoir befoin de Reliefs.

Mais comme toutes les raifons, qui donnent lieu à ces nouveaux arrangemens, n'ont pû & ne peuvent entrer dans

le Corps des Ordonnances , Et qu'elles deviendroient trop
eftendües, fi l'on y marquoit tous les inconveniens & mal-
verfations auxquelles on veut remedier, il paroit conve-
nable de les expliquer, afin que par la connoiffance qu'on
en prendra, on fente de plus en plus le bon Traitement que
l'on procure aux Troupes, les Utilitez de ce que l'on ordonne , & la diminution effective & confiderable dans la
Dêpenfe , en dêtruifant les abus qui s'y eftoient introduits.

Quoyque le fonds deftiné à la fubfiftance des Troupes
fût toûjours le mefme en Paix comme en Guerre, en Garnifon comme en Campagne, néanmoins par un autre arrangement , on avoit eftabli beaucoup d'inegalité & de va-
riation dans la diftribution de ce fonds pendant la Campagne.

Le Capitaine de Cavalerie qui avoit cent fols par jour
en Garnifon , n'avoit plus que 18. fols en Campagne, & 6.
Rations de Pain; les Subalternes à proportion.

Dans l'Infanterie, le Capitaine qui devoit recevoir 50.
fols par jour en Garnifon , n'en avoit que 6. en Campagne & 6. Rations de Pain; le Lieutenant 4. fols & le Sous-
Lieutenant 3. fols.

Les hautes payes des Cavaliers & Soldats eftoient pareil-
lement reduites.

La Maifon du Roy & la Gendarmerie fouffroient auffi
des diminutions.

Cette diftribution inegale qui fe faifoit de la folde, eftoit
certainement tres contraire au bien des Troupes & aux in-
terefts de l'Eftat; parce que le retranchement leur eftoit

fait dans le temps où Sa Majesté avoit le plus de besoin de leur Service, & où il estoit le plus necessaire de leur faciliter la subsistance ; Et c'est ce qui a esté cause que les Troupes deperissoient dés les premiers mois de Campagne, & se trouvoient encore plus diminuées sur la fin ; Que mesme plusieurs Officiers Subalternes estoient obligez de quitter par l'impossibilité de subsister.

Par l'Examen des Comptes des Etapes, Sa Majesté a reconnu combien cette Dêpense est à charge au Roy, contraire à l'avantage de ses Peuples, nullement necessaire à ses Troupes, & sujette à une infinité de malversations.

Il se distribuoit durant la Guerre pour les Recrües de la Cavalerie, de l'Infanterie & des Dragons, seize à dix-sept mille Routes par année.

L'on trouve dans les Comptes des Etapes, les Regimens employez pour complets presque par tout, quand bien mesme ils n'auroient reçeû l'Etape que pour les presens & effectifs.

Toutes les Routes pour les Recrües sont de mesme ; Et séparement des veritables, il s'en est trouvé de fausses pour des sommes considerables ; Dans un seul departement, il en a esté reconnu pour trois Millions pendant les années 1712, 1713, & 1714. sans celles qui avoient esté faites les années precedentes, & dont les Comptes avoient cependant esté arrestez.

La pluspart des Entrepreneurs des Etapes ont dechiré les veritables acquits, & en ont substitué d'autres en leur place, avec d'autant plus de facilité, que les Reçeûs des Etapes estant signez par toutes sortes de personnes, on

13

n'avoit aucune connoiffance des veritables fignatures.

De plus les Comptes des Etapes eftant arreftez aux Bureaux des Finances, dont les Officiers n'avoient aucune connoiffance des Troupes, ni d'autres preuves à demander aux Etapiers de leurs fournitures, que les acquits qu'ils leur produifoient, les doubles employs eftoient tres difficiles à reconnoître, parce que le Compte de la folde des Troupes eftant entierement feparé de celuy des Etapes, il ne pouvoit pas fervir de piece de comparaifon. On a veû les Entrepreneurs Generaux des Etapes, les Sousfermer dans la plufpart des Generalitez, à un tiers & moitié de profit; Et loin de faire des avances à leurs fous-Etapiers, beaucoup ne les ont payez que dans les plus mauvais Effets qu'ils ont reçeûs du Roy, plufieurs mefme fous differens pretextes, ont obtenu des indemnitez, fans en tenir Compte à leurs fous-Etapiers.

Tous ces abus ont efté tres prejudiciables au Roy, ont coûté des Sommes & des impofitions confiderables à fes Peuples, & il eftoit neceffaire d'y remedier.

Durant les deux dernieres Guerres, il y avoit chaque année 180. & 200. Efcadrons, & quelquefois plus, qui avoient des quartiers d'Hyver.

La Cavalerie eftoit obligée à la fin des Campagnes d'aller chercher l'argent de fon Quartier d'Hyver dans les Provinces éloignées des Frontieres où elle eftoit logée, & elle paffoit une partie de l'Hyver en Route, foit pour y aller ou pour en revenir à l'entrée des campagnes; Et ces longues Routes eftoient doublement à charge au Roy & à fes Peuples, par la dêpenfe des Etapes, & en mefme temps tres fatigantes pour les Troupes.

B iij

14

La repartition des Troupes dans les Generalitez pour
les Quartiers d'Hyver, ne se faisoit cependant pas avec éga-
lité, par rapport aux moyens de chaque Generalité, les
Troupes n'y estoient point envoyées chacune à leur tour,
le Traitement que l'on leur faisoit trouver estoit different,
la levée des deniers arbitraire, & la distribution sans regle.

Et quoyque le Quartier d'Hyver ait toûjours esté tres à
charge aux Sujets du Roy, on n'y a cependant jamais fait
aucune attention.

Ces Reflexions determinerent Sa Majesté dans l'année
1716. de faire examiner, avant que d'envoyer le tiers de
la Cavalerie dans les Generalitez pour y prendre le Quartier d'Hyver, si par la consommation que les Troupes y
feroient, les habitans pourroient estre dédommagez d'une
partie de l'imposition en argent que l'on leveroit sur eux
pour donner à la Cavalerie; Mais ayant comparé le prix des
Fourrages dans les Generalitez, avec celuy des Frontieres,
on trouva que par la cherté dont estoient les Fourrages
cette année là, la plus valüe sur le prix de la Ration, au
de-là de celuy des Frontieres eût monté à 900000. livres,
Et que cette somme eût esté en pure perte pour les Peuples, sans que les Troupes en retirassent aucun profit; ce
qui auroit encore mis les denrées hors de prix dans ces
mesmes Generalitez.

On trouva aussi que l'Etape pour la Route de cette
Cavalerie, sa paye deduite, auroit monté à 300000. livres, Et c'est ce qui determina à les laisser cette année là
sur les Frontieres, & à ne les envoyer que l'année suivan-
te dans les Provinces où les Fourrages estoient abon-
dants, & en obligeant les Troupes d'y payer tout de gré
à gré comme dans les Places de Guerre.

15

La diſſipation qu'il y a eu dans la fourniture des Fourrages eſt exceſſive, Et les abus ſont difficiles à verifier à
cauſe de la diverſité des Comptes qui ſe rendoient dans
chaque Departement.

Ces Comptes aprés y avoir eſté arreſtez, n'ont pas meſ-
me eſté rapportez & verifiez les uns avec les autres, pour
y reconnoiſtre les doubles employs.

En examinant les Comptes des Vivres pour les Armées,
on a reconnu que la maniere dont on faiſoit le marché
avec les Munitionnaires, eſtoit également contraire aux in-
tereſts du Roy & à ceux de ſes Troupes.

L'uſage eſtoit de convenir avec les Munitionnaires, de
la quantité de ſacs de Grains qu'ils ſeroient obligez de remettre dans les Lieux & Magaſins qui leur eſtoient mar-
quez ; Et lorſque l'on avoit reglé le prix du ſac, on con-
venoit enſuite de celuy de la façon & cuiſſon du Pain, Et
joignant les deux enſemble, on eſtimoit la Ration à un prix.

Le projet que l'on formoit pour la conſommation des
Vivres pendant la Campagne, ſe faiſant ſur la ſuppoſition
des Troupes complettes, & d'une fourniture entiere des
Officiers Generaux & Particuliers, procuroit un profit con-
ſiderable aux Munitionnaires ſur les Places de Rachapt
qu'ils rembourſoient à un prix fort inferieur à celuy de leur
marché, ce qui cauſoit au Roy une Dêpenſe qui ne tour-
noit point au profit de ſes Troupes.

Comme le Pain fait une partie de la ſolde des Troupes,
les Munitionnaires gagnoient ſur elles, non ſeulement la
valeur de la manutention ſur les Rations qui leur eſtoient

deües, mais mefme en les racheptant d'elles, ils profitoient encore fur le prix du bled.

Communément dans les Armées le Rachapt des Rations alloit au tiers & quelquefois plus de la confomation ordonnée; Et le prix de la manutention à un tiers & plus que celuy de la Ration.

De plus c'eftoit fur le pied complet que l'on faifoit marché avec les Munitionnaires pour le nombre de Chevaux neceffaires pour voiturer le Pain à l'Armée; Et comme la confommation eftoit plus foible d'un tiers, par conféquent la Dêpenfe des Chevaux eftoit d'un tiers trop forte.

Souvent mefme les Munitionnaires ne les avoient pas, ou s'en fervoient à d'autres ufages pour leur propre utilité; Et quoyque le nombre des Chevaux ne dût leur eftre payé que fuivant les Reveües, ils en eftoient pourtant payez complets pendant toute la Campagne.

La diftribution que l'on faifoit faire depuis quelques années aux Troupes Françoifes d'une demie livre de viande par jour à chaque Cavalier, Soldat & Dragon, Et dont la retenuë fe faifoit fur leur paye, avoit paru d'abord un arrangement d'utilité pour eux; Mais foit que la viande leur fût livrée par eftimation ou diftribuée à la livre aux Compagnies, il s'en falloit toûjours beaucoup que le Soldat n'eût fa Ration ordonnée, lorfque les parts eftoient faites à chaque Chambrée.

L'Experience mefme a fait connoiftre que le Soldat preferoit le fol que l'on luy retenoit, à la viande qui luy eftoit diftribuée; Car dans la dernicre Campagne des Sieges de

Landaw

17

Landaw & de Fribourg, on ne diftribua point de viande,
& les Troupes en furent très contentes.

D'ailleurs cette diftribution coûte beaucoup au Roy,
met fouvent la rareté & la cherté des Beftiaux dans differentes Provinces, Et l'on a plufieurs fois abufé des Paffe-
ports qui eftoient donnez pour la conduite des Beftiaux,
en les faifant paffer chez les Ennemis.

Les Armes que le Roy faifoit donner à fon Infanterie
pendant chaque année de la Guerre, eftoient mauvaifes &
prefque auffitoft revendües à moitié de perte à l'Entrepre-
neur par l'Infanterie mefme, parceque la plus grande partie n'avoit pas befoin de la quantité qui luy eftoit diftribuée.

C'eft ce qui a déterminé Sa Majefté à faire fournir des
armes bien conditionnées, & à regler qu'il n'en fera plus
donné à l'Infanterie; Et fon intention eft que lorfque l'Inf-
pecteur fera la Reveüe à la fin de la Campagne, il marque
la quantité d'armes qui fera neceffaire à chaque Compagnie & pour chaque Bataillon, afin qu'elle leur foit en-
voyée.

Les Hôpitaux dont l'Etabliffement a beaucoup coûté,
peuvent avoir leur utilité, Mais perfonne n'ignore la mul-
tiplicité des abus qui s'y eftoient introduits, & qui ont fait
monter les Dêpenfes infiniment au-delà de ce qu'elles de-
voient coûter. La bonne qualité du pain qui fera fourni à
l'avenir, du poids de 28. onces la Ration, avec l'augmentation de folde, mettront le Soldat en eftat de fe procurer une
bonne nourriture, ce qui joint au fecours que l'Officier
pourra fournir à fes Soldats, diminuëra infiniment le nombre
des malades à l'Hôpital; Et l'on a l'Experience par le paffé,

C

que les Cavaliers, les Dragons & les Soldats de l'Infanterie Estrangere, qui pouvoient subsister de leur paye, évitoient l'Hôpital & avoient de la répugnance d'y entrer.

Il s'est trouvé beaucoup de desordre dans les marchez pour l'Habillement; Souvent toutes les Troupes se conformoient au Traité passé par un Regiment, ce qui pouvoit avoir de grands inconveniens; Les Marchands abusant de la necessité fournissoient les Draps, Serges & autres marchandises de la plus mauvaise qualité; Et quelquefois aussi le peu d'exactitude dans le payement, & la perte qu'ils faisoient dans la negociation des Effets qu'ils recevoient des Troupes, dérangeoient entierement leur commerce; A l'avenir les Marchands seront regulierement payez & en especes; On aura aussi une grande attention qu'ils ne fournissent aucune Marchandise que de tres bonne qualité.

Le Soldat chargé de s'entretenir de Linge & de Souliers, n'aura plus aucun sujet de plainte contre son Officier.

L'Etablissement que Sa Majesté veut bien faire, en payant la Masse toûjours complette, sera d'un grand soulagement pour le Capitaine, sur les Appointemens duquel on estoit forcé de retenir, non-seulement pour les reparations de la Compagnie, mais même pour l'habillement, quand le fonds qui restoit à la Masse n'estoit pas suffisant.

Sa Majesté donnant des ordres pour que les Denrées necessaires à la subsistance des Troupes leur soient fournies pendant leur Route à un prix modique, l'Officier conduira ses Recrües moyennant les Deux cens livres qui luy sont accordées, & les Quatre cens livres en temps de Guerre; Il pourra même profiter de cette somme, lorsqu'il trouvera les moyens de faire ſes Recrües dans le voiſinage des lieux où il ſera en Garniſon ou en Quartier.

L'objet principal que l'on s'eſt propoſé, eſt de procurer à toutes les Troupes les mêmes facilitez qu'au Regiment des Gardes Françoiſes & à l'Infanterie Eſtrangere, leſquels ne ſont pas contraints de prendre une quantité fixée de Fourrages, d'Armes ni d'autres fournitures ; Mais qui ayant une paye certaine eſtoient en eſtat de prendre dans les Magaſins du Roy, en payant, ce qui leur eſtoit neceſſaire. Par cet arrangement chaque nature de Dêpenſe eſtant connuë & réduite à une juſte proportion, Evitant les abus preſque inſeparables des variations dans les Traitemens, Sa Majeſté pourra deſtiner des fonds certains, afin que les Troupes ſoient toûjours regulierement payées, Et que les Comptes des Treſoriers puiſſent eſtre rendus avec plus de facilité & de diligence.

Dans une matiere auſſi eſtenduë, qui renferme toutes les Dêpenſes neceſſaires à la ſubſiſtance & à l'entretien des Troupes, il eſt impoſſible de prévoir tous les inconveniens ; Et Sa Majeſté ſçaura gré à ceux qui pourront luy procurer quelques éclairciſſemens, & contribuer à la perfection de l'arrangement qu'Elle s'eſt propoſé pour reſtablir l'ordre & la regle. FAIT à Paris le vingtiéme jour d'Avril mil ſept cens dix-huit. *Signé* PHILIPPE D'ORLEANS.